給 ＿＿＿＿＿＿＿＿

請別忘記。
現在在這裡的我們是幸福的。
選擇幸福的我很了不起。
為了我的幸福
我要努力
把現在活得快樂開心。
我要把幸福送給你。
謝謝。

＿＿＿＿＿＿＿＿ 致贈

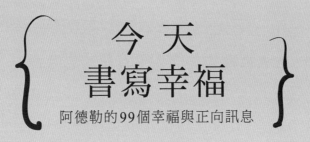

今 天
書寫幸福

阿德勒的99個幸福與正向訊息

作者＼金湞珉　譯＼黃孟婷

{ 人人都需要提問人生方向的思考金句 }

鄭俊德（華人閱讀社群主編）

人生需要尋找一些答案，而找到答案需要方法，透過閱讀則縮短了搜尋的路程。

一、人生的意義是什麼，是你自己賦予的，而你的經歷為此寫下屬於你的定義。

當人們遇見生命的重大衝擊，無論是家人的離世或是自身遭遇重大事件，都會自問現在的自己，在乎的是什麼？存在的價值與意義又是什麼？如果這是生命的最後一天，我現在應該要做的事情？

這些問號總是在重大時刻才會在人們心中出現，而我也曾有過那麼一刻，在十八歲那年，醫生宣告我罹患了自發性氣胸，永遠存在著百分之五十的復發機率，一旦復發在半小時內就可能窒息休克的疾病，卻也因著這樣的警訊，讓我珍惜活在當下的美好，更讓我試著尋找存在價值。

不久後，我找到了屬於我自己的答案：「成為別人生命的需要。」

二、過去已經發生的事情無法改變，你也無法改變他人或是產生轉機，但你的選擇決定你看待事情的角度與情緒。

有些事情無論大或小都不一定能逃避與改變，大到像疾病或分離這等大事，小到像是傾盆大雨或班機延誤這等小失誤。

當你遇到這些無法解決的事情，其實你可以換個角度思考，別人也跟你遇到相同的難題，但儘管如此，今天還是過得去，如果可以解決，那就找方法，如果無法克服，那就隨它去。

換個心態看事物，會讓你用更正面的情緒去面對難題，遇見大事如疾病則就醫，遵守醫囑，更要珍惜每一日把握愛的關係；又如小事班機延誤，那就把多出來的時間當作上帝要你停下來休息，帶本書、散個步、放寬心，或許因禍得福也說不定。

三、人生就像游泳一樣，會從失誤吃水開始，但卻在一次次失誤練習中摸索出浮起的方法。

沒有人一開始就擅長任何事情，如同學走路，一歲多的孩子也是從跌跌撞撞開始，藉由工具及大人的攙扶下一步步越踏越穩健。

學習的兩個關鍵，一是接受失敗的過程，二是學會求援找工具。所有的擅長都是從許多挫折累積而來，接受不完美的過程，就是掌握學會一項技能的開始，而適時地從閱讀中找到技巧與工具，都可以加快學習的步調。

人生就像游泳，學無止盡也游無止盡，只有前進才能上岸，即使在原地小歇，也還是持續在拍打雙腳、轉動思緒才能浮起。

　　《今天書寫幸福》是作者金滇珉從阿德勒心理學出發，寫下自己對生命洞見的精華與感動，字字珠璣，都是幫助我們提問人生方向的思考金句。

﹛ 從此刻起，選擇「今天的幸福」 ﹜

　　偶然在路上遇見一個久違二十多年當時不太熟識、也不是十分引人注目的友人，卻發現他現在的樣子變得光鮮亮麗，你的心情會怎麼樣？去年冬天，透過一本書，我再次邂逅了二十五年不見的阿爾弗雷德·阿德勒。

　　在大學修課時期，我曾短暫接觸過阿德勒的心理學，那時候對我而言，阿德勒的心理學不過就是相對於心理學巨擘佛洛伊德的邊緣學說而已。隨著時間流逝，佛洛伊德所提出的無意識、防衛機制、心理創傷等單字仍存在我的腦海裡，阿德勒的論點我卻完全不復記憶。

　　然而，有句話說一本書可以改變一個人的人生，到了四十幾歲才因為一本書認識阿德勒，我感到共鳴與悸動。我強烈地想再多深入認識阿德勒。

　　於是，我著迷似的讀了十多本國內出版的阿德勒心理學說明書、阿德勒心理學翻譯書，以及國內沒有出版的原文書，我還瀏覽了阿德勒的相關網站資料，把我想記在心裡的文章寫進我的筆記本。就這樣過了半年左右，他的文章開始融為我身體裡的語言，我漸漸感受到我的人生有了正面的影響與變化。

閱讀。

書寫。

刻劃在心裡。

我的心和人生一點一滴地改變。

老實說，在接觸阿德勒之前的秋天，我不斷地想甩開內心的憂鬱、不安與自卑。我像是站在隧道的一端，只需要踏出一步就能脫離黑暗，迎向溫暖陽光。但是踏出步伐並沒有想像中容易。或許我就像阿德勒說的一樣，想用憂鬱和不安作為藉口來逃避現實的問題。

然後我遇見了阿德勒。感受一股醍醐灌頂的心情。經營公司時所遭遇的問題、人際關係上大大小小的摩擦、進入中年所感受到的茫然與恐懼、擔心大考失敗的兒子的未來，這些都來自我的內心，我不得不承認這全是我自己選擇的煩惱。實在是太過於被徹底地看破，這讓我再也無法怪罪他人、怪罪外在環境。

阿德勒心理學中不斷反覆出現的：自卑感、追求優越、目的論、目標、虛擬的最終目標、主體性、創造性、人生的課題、社會興趣、他人貢獻、合作、課題分離、認同渴望、生活模式、自我接納等單字不僅留在我的腦海，更是烙印在我的心裡。

我開始一個個反覆思考。

我、公司和兒子的自卑感跟缺點是什麼？

我的人生和公司的目標是什麼？

我人生的虛擬最終目標是什麼？

我是不是我人生的主人？

我是否有好好地處理人生的課題？

我有沒有懷抱著社會興趣生活呢？

我和公司對社會有貢獻嗎？

我是否曾經想要干涉他人的人生？尤其是兒子的人生。

我的生活方式積極嗎？我的生活方式跟目標有沒有問題？

如果要改變，我該從哪裡做起？

　　我審視了許多層面，並開始著手改變。雖然過程不輕鬆，但我卻不想放棄。因為我選擇了「今天的幸福」，我知道我必須好好地過「現在此刻」，而這就是我人生的課題。

　　我讀了阿德勒，為其深深著迷，我這才體會到原來阿德勒的主張存在於我們生活的各個角落。過去曾紅極一時的歌手任向雅有一首歌叫〈音樂劇〉，歌詞裡就包含了阿德勒的訊息。

　　就別管我的人生了。不要再干涉。→ 課題分離

　　按照我的心意去過，

我想要在屬於自己的世界中重生。→ 主體性存在

只要有音樂跟舞蹈，其他都不需要。→ 人生的目標

我要按照自己的心意展開我的翅膀。→ 目的論的存在

只有我才能成為我人生的主人。→ 主體性存在

我現在懂了，我人生中的真正節奏，

我就存在於那之中。→ 虛擬的最終目標，現在此刻的重要性

就算要我再次選擇我也不後悔。

只要能跟音樂為伍，哪裡都好。

我要走上其他的道路。找出內心的其他自我。

在那個世界會有其他事物等著我。

沒有人能代替我過我的生活。

本書並不是心理學的專家所寫，而是一個陷入阿德勒魅力的讀者，將阿德勒寶石般的箴言，與他想傳遞給大家的幸福、正面訊息，用更簡單又實用的文字寫出來，以寫字書的型態出版的一本書。

用筆寫也好，什麼都不寫也好。寫出自己的想法或決心也好。既然都花錢買書了就要值回票價，不是嗎？在書裡的空白處塗鴉也無妨。因為那也是由你的內在生成的一些意義。

希望你們也能盡情享受我在這些短篇文章中所感受到的幸福與正面。

二〇一五年八月 金湞珉

01
閱讀幸福

推薦序 · 4

自序 · 7

我才是自己的主人 · 18

我們都能成爲自由人 · 20

你可以描繪自己的幸福或不幸 · 22

經驗的解讀 · 24

接受此刻發生在你身上的事 · 26

成功不需要理由 · 28

無論是誰都會感到自卑 · 30

自卑感只是感到自己不足 · 32

自卑感是我們成長的催化劑 · 34

克服缺點的人 · 36

你的人生目標是什麼？ · 38

知道自己前進的方向 · 40

想想你行動的目的 · 42

情感也潛藏著目的 · 44

拋棄「我是對的」的想法 · 46

專注在每時每刻 · 48

人生就是永無止境地嘗試 · 50

你的人生，你來決定 · 52

人生的舒適圈 · 54

不過就是發生了「一件事」！ · 56

02

書寫幸福

愛身邊的人不需要理由・60

帶來歡樂＝遺忘悲傷・62

勇氣來自於給予・64

你願意低頭嗎？・66

人生的痛苦源自於自己的心・68

你的幸福在你手裡・70

沒有目標的人生・72

人生的終極目標・74

找到你的方向感・76

活在「現在此刻」・78

好好度過「現在此刻」・80

每一天都要好好活著・82

與佛洛伊德相反・84

從心理創傷中找目標・86

一個人終究無法自己生存・88

社會關懷的對象・90

自私的人形成冷漠社會・92

追求共同利益不求回報・94

每個人都有才能・96

積極面對自卑感・98

03

刻劃幸福

人生的三道課題・102

人生課題＝生活滿意度・104

你的煩惱都來自於人際關係・106

如果不想愛得痛苦・108

不能選爲伴侶的人・110

愛情與婚姻課題裡的必需品・112

別干涉他人的人生・114

不要仰賴別人處理自己的人生課題・116

不執著於掌控他人・118

課題分離不等於漠不關心・120

信任是無條件的相信・122

習得歸屬感・124

貢獻與犧牲的差異・126

付諸實踐・128

沒有缺陷就無法進步・130

用優越的存在取代優越感・132

最有價值的戰鬥・134

自我誇飾的眞相・136

不完美的勇氣・138

接受自己的不完美・140

04
感受幸福

為了實現自我而努力‧144

尋找自己的不安來源‧146

如果感到躁進……‧148

為幸福所付出的最大努力‧150

決定價值的基準‧152

找回遺失的勇氣‧154

鼓勵的力量‧156

多說鼓勵的話‧158

稱讚並不能帶來勇氣‧160

稱讚並不是鼓勵‧162

用不幸來支配他人‧164

假如～那樣的話‧166

用行動來表現目標‧168

放下自己，才能理解他人‧170

人際關係失敗的原因‧172

同理心‧174

心理創傷不是解決之道‧176

該如何處理自卑感？‧178

沒有放棄這件事‧180

失敗的原因‧182

05

湧出幸福

從對方的角度去理解事情 · 186

鼓勵自己的方法 · 188

對人類而言最困難的事 · 190

真正的幫助不會期待回報 · 192

瞭解與接受原本的自己 · 194

自我接納與自我肯定 · 196

孩子的認同渴望 · 198

過度的認同渴望 · 200

拋棄認同渴望 · 202

目標是自己的選擇 · 204

目標改變的話，人生也會隨之改變 · 207

生活方式是自己的選擇 · 208

改變不良生活方式的理由 · 210

靠自己改變生活方式很難 · 212

個性也能改變 · 214

變得幸福的勇氣 · 216

選擇悲傷的勇氣 · 218

幸福的主觀者就是自己 · 220

你的原則由自己創造 · 222

你的原則是什麼呢？ · 224

附錄－阿德勒的人生 · 226

附錄－阿德勒的理論 · 229

01

閱讀幸福

我才是自己的主人

「人生的意義是什麼？」

對於這道題目我會這樣回答。

「人生的意義無法概括而論。

因此也沒有『人生就是這樣』的這種定論。

人生的意義是由自己所賦予的。

因為您才是自己人生的主人。」

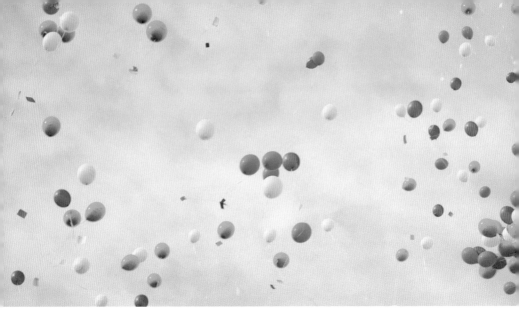

我們都能成為自由人

人類根據成長背景、過去經驗、
遺傳等外在因素有所不同，
由此推論，人類的命運並非注定，
人類擁有可以自行創造命運的力量。

這份創造力能讓您成為一個自由的個體。

我們是可以自行創造命運的
自由個體。

你可以描繪自己的幸福或不幸

過去發生的事情你無法改變。
你也無法改變他人。
然而,現在與未來,都是操之在己。

世界上所有一切僅憑藉決心。
即使是面對悲傷或煩悶的事情,
只要稍微改變視角,
就能變得正面又有希望。
既然是必須面對與解決的事情,
就必須坦然接受、積極行動。

我們就好比畫家。
會畫出以幸福為名的畫,
還是會畫出以不幸為題的畫,
這都是自己的選擇。

經驗的解讀

決定未來的關鍵，
並不是過去的經驗。
你如何解讀
過去的經驗
才是決定未來的關鍵。

接受此刻發生在你身上的事

如果有一台違規停車的車子擋在
你停車場的車子前，你會怎麼做？
你可以當作自己多出了一些讀書的時間，
心平氣和地享受這段時光。
或生氣地跺腳浪費時間。

你如何解讀當下發生的事情，
如何處理這個狀況，都是你的選擇。
這個選擇可以是多出一些時間，
也可以是浪費時間。

成功不需要理由

我先天上有些虛弱。
罹患佝僂病又得到肺炎。
沒看頭的身高與外貌，加上視力差，
使得我對於身體感到非常自卑。
即使如此，我仍能成功是因為，
落後於他人的想法刺激了我，
讓我更加奮發向上。
除此之外沒有其他理由。

我之所以能獲得成功，
是因為落後於他人的想法
刺激我更加奮發向上。

無論是誰都會感到自卑

你也跟我一樣懷有自卑感嗎？

因此感到痛苦嗎？

然而，那並不是因為你有所不足。

或許程度有所差異，

但是每個人都有自卑感。

天才或是英雄也會感到自卑。

你所感受到的自卑感

反而成為讓你更成熟的催化劑。

就像我的成功也是如此。

自卑感只是感到自己不足

我們的心中都有關於更好的自己，與更好的未來的夢想。
為了美好未來的努力過程中，無論是誰都會感到挫折。
因為「現在的生活」比起夢想中「未來的生活」
顯得太過不足了。
「希望可以變成更好的人」或是
「希望可以比現在過得更好」，
這些願望會讓人產生一股自卑感。

自卑感是從感到不足的想法中生成的。
看起來完美的人面對龐大的目標
也會覺得自卑。
這並不是跟他人比較之下所感受的自卑，
而是跟理想中的自我對比所形成的自卑，
這樣的自卑感受是很健康的。
在自卑感面前，沒有喪志和屈服的必要。

自卑感是我們成長的催化劑

自卑感是發展的原動力。
當人類感到自我的無知與企圖追求更高深境界時，
科學與文化藝術就會獲得更大的發展。

每個個體，乃至於全體人類，
大家在「自然」這個巨大的存在之前都是卑微的。
因此，為了彌補不足的部分，
人類才會發展科學與文化，並持續綿延歷史。

克服缺點的人

能創造偉大事蹟的人們之中，
有許多是身體上有殘缺的人。
如貝多芬、梵谷、美國前總統羅斯福等。
基因劣於其他人
的確是個缺陷。
但是這並不構成「做不到的理由」。
惡劣的條件反而成為基石，
只要比其他人更努力，
就能獲得極大的成果。

比別人還要不足，
並不會成為
「做不到的理由」。

你的人生目標是什麼？

人生中，要是沒有一個目標方向，
人類就會不知道自己該做什麼。
人生的目標就和夜晚海上的燈塔一樣，
又像是踏入未知領域的探險家的指南針。

你的人生目標是什麼？
當你走在名為人生的路上，
它能成為你的導航；
當你畫著名為人生的畫布時，
它能成為你的底稿。

知道自己前進的方向

如果不知道自己前進的方向，
你終究會走向一個
奇怪的地方。

想想你行動的目的

人類是憑著「目的」而生存的個體。
幼小的孩子哭泣，
是因為飢餓或是身體不適。
不只是孩子，大人的種種行動
也都潛移默化地含有目的。
人類的行動是為了達成目的而顯露在外的方式。

除了行動，
思考、情感、心情、夢等精神上的行為
也隱含了目的。

情感也潛藏著目的

人類為了自己的目的
使用並支配著情感。
雖然有些人的確是因為太過悲傷而哭泣，
仍有些人會將眼淚當作武器來利用。
他們為了博取同情心
或為了引人注意而流淚。

若是有誰在你面前哭泣，
你必須瞭解他的情感目的為何，
才能不受影響地依靠自己的意志做出決定與行動。

拋棄「我是對的」的想法

「生氣」不是純粹的表達情感。
生氣是源於「我是對的」的想法，
以及想讓對方遵從自己指示的欲望中產生的情緒。
但是，在這個世界上，沒有人會永遠正確，
也沒有什麼是絕對的是非。
正確是相對的，會根據不同狀況而改變。

只要拋開「我是對的」的想法，
就不會感到生氣了。
生氣所能解決的人生問題
比想像中來得少。

拋棄「我是對的」的想法，
　　就不會感到生氣了。
生氣所能解決的人生問題
　　比想像中來得少。

專注在每時每刻

節約時間
就是延長生命。

我們每天同樣被賦予二十四小時。
富翁的一天是二十四小時，乞丐的一天也是二十四小時。
學者的一天是二十四小時，學生的一天也是一樣。
然而，有的人把一天過得像四十八小時，
有的人則把一天過得像十二小時。
誰的生活比較豐富、幸福呢？

能專注「現在此刻」，把每個瞬間過得有意義的人、
把每天過得像四十八小時的人會過得更豐富、幸福。
那麼，你想成為時間的富翁還是時間的乞丐呢？

節約時間
就是延長生命。

人生就是永無止境地嘗試

學游泳的時候最先做的是什麼？
你應該會先發生失誤，對吧？
接著又會發生什麼？
你會再犯其他的錯誤。
你所犯的所有錯誤將讓你免於溺死。
重複了幾次這樣的過程，
透過錯誤的嘗試，你就能學會游泳了。

人生就跟學游泳一樣。
不要害怕犯錯。
學習生存的方法，
除了犯錯之外沒有別的。

你的人生，你來決定

人生是由無盡的挑戰與逆境組成的。
提起勇氣面對逆境
才是人生的本質。

你必須抉擇，
要活出面對並挑戰逆境的真正人生，
還是在閃躲與逃避中度過虛假人生。

人生的舒適圈

擁有
許許多多的
安全舒適圈
並不是人生的福氣。

不過就是發生了「一件事」

人生之中有快樂的事，也有痛苦的事。
有勇氣與自信的人
會平等地看待人生的困境與喜樂。
即使他們遇到困難，
由於他們深知自己能夠克服，
因此他們絕不恐懼。
他們做好準備面對人生的所有問題。

無論是開心的事，或難過的事，
只要想著：「不過就是發生了一件事」，
那麼，即使開心也不會過度興奮，
就算難過也不至於絕望地跌入深淵。

　　　　無論是開心的事，或難過的事，
只要想著：「不過就是發生了一件事」，
　　　那麼，即使開心也不會過度興奮，
　　就算難過也不至於絕望地跌入深淵。

02

書寫幸福

愛身邊的人不需要理由

如果有人問我，為什麼要愛身邊的人，
我想我一定不會知道該怎麼回答。
輪到我提出問題的時候，
我會問他，為什麼非得問那樣的問題。
提出那種問題的人，
一定是個不懂合作，
只想著自己的人。

帶來歡樂＝遺忘悲傷

「該怎麼做才能脫離痛苦呢？」
受憂鬱症與失眠所苦的患者問。

「試著帶給其他人歡樂吧。
思考自己能做些什麼、
要怎麼做才能讓別人快樂，
並將這些想法付諸行動。
如此一來，悲傷的想法和失眠都會消失，
所有的問題也能迎刃而解。」

勇氣來自於給予

人類只要想到
自己正在幫助別人，
就能獲得勇氣。
勇氣是源自於「給予」。

你願意低頭嗎？

通過矮門的方法有兩種。
挺直腰桿通過，
或是彎下腰通過。
如果要挺直腰走過矮門，
頭很可能會撞上門。
總是訴說生活的辛苦與勞累的人，
是通過矮門時挺直腰桿卻撞到門的那類人。
他們不認為那是自己的錯，
只一味地責怪門的低矮，
然而，他們之所以撞到頭的真正原因，
都出在不願意低下頭。

人生的痛苦
源自於自己的心

人生的疲乏或痛苦，
並不是起因於外在，
而是源於自己。
所有的痛苦
都是自己的心所製造出來的。
同樣的道理，內心的平和與幸福
也是來自於自己的內心。

你的幸福在你手裡

你的人生到目前為止
是你經過選擇、行動與努力的產物。
有些人認為是運氣或命運造就了人生。
看到不需要太多努力就能事事順心的人，
他們認為那是運氣好；
看到即使付出努力仍活得艱辛的人，
他們會怪罪命運。
不過，這是錯誤的。
人生的幸福指數掌握在個人的選擇、行動與努力。
無論是學校、公司、朋友，終究是出自於意志的選擇。

往後的人生
也是由自己的選擇、決定與意志來創造。
未來人生是幸福還是不幸，
全都操之在己。

未來人生
是幸福
還是不幸，
全都操之在己。

沒有目標的人生

沒有目標的人生彷彿風中殘燭。
如果沒有目標，縱使是一點小挫折，
也會像碰上大風浪的落難船隻般無助茫然。
相反地，如果人生目標明確，
遭遇困難時也能找出解決的方法克服它。

人生目標的有無，
比想像中來得重要。

人生的終極目標

就算不夠明確，
擁有一個人生的最終目標相當重要。
有些人常遇到的問題是，
無論是現實性還是非現實性的目標，
他們都無法找出來。
當最終的目標變得明確時，
次要的目標就會變得具體而實際，
進而成為實踐的計畫。

找到你的方向感

劃分地球的經緯線雖然不是真實存在，
卻具備十分重要的價值。
同樣的，人類將假想的一個點
當作虛擬的最終目標，
試圖實踐它。
假想的一點之所以重要是因為
它可以讓人在混沌的生活中不迷失方向，
指引人建立正確的認知。

虛擬的最終目標的影響力
不在未來，而在現在。
無論我們是否意識到這件事，
虛擬的目標對於現在的生活，
即「現在此刻」有很大的影響，
讓人可以好好地過「現在此刻」的生活。

活在「現在此刻」

如果把一個人的人生假設為一個「集合」。
人生的瞬間就是組成這個集合的「元素」。
要是我們不把人生的每個瞬間
過得幸福有意義，
「瞬間」作為一個元素就會失去它的意義。
那些元素的集合形成「共同體」，
這樣的共同體會讓你的人生
變得無以復加的虛無。
而這就是我們必須把
「現在此刻」活得幸福的理由。

好好度過「現在此刻」

即使為了未來的夢想，也不能將今天的幸福當作抵押；
就算為了今天的享樂，也不該忽略未來的目標。

賺了錢就歡天喜地地花費，
等於是為了「現在此刻」而犧牲未來。
為了老年生活而極度節儉，
等同於為了未來而犧牲現在。
賺錢的目的
是要讓現在和未來的生活幸福而不至匱乏。

想要不犧牲現在也不犧牲未來，
就必須以「現在此刻」為主，
好好地過幸福生活才行。

即使為了未來的夢想，也不能將今天的幸福當作抵押；
就算為了今天的享樂，也不該忽略了未來的目標。

每一天都要好好活著

雖然目標很重要，
但這不代表人要過度地執著於目標，
或是幻想一些不切實際的虛無夢想。
太過執著於目標會讓人體會不到過程中的快樂，
也可能會使人做出不恰當的手段。
另一方面，懷著虛無夢想卻無法實現時，
人會懷疑自己的能力，進而感到絕望。
擁有目標，才能理解過程的重要；
擁有夢想，才能孕育出自己現在此刻的幸福。

即使現在沒有目標或夢想也沒關係。
只要你能把過得幸福的
每一天和每個瞬間都累積在一起，
這樣的人生本身就是有意義的。

即使現在沒有目標或夢想也沒關係。
只要你能把過得幸福的
每一天和每個瞬間都累積在一起，
這樣的人生本身就是有意義的。

與佛洛伊德相反

佛洛伊德認為：「制約人類的是過去，
憑藉個人的力量是沒辦法改變未來的。」
這是他所提出的負面論點。
我的想法不同。
人類擁有自我主導權，
根據自己的人生目標，生活會有所展開。
雖然過去無法按照自己的意志改變，
未來卻能由自己的想法創造。

從心理創傷中找目標

無論是什麼經驗都不會成為成功或失敗的原因。
我們不會因為名為「心理創傷」的過去衝擊而感到痛苦，
我們應該從那份經驗中找出符合我們目標的要素。

一個人終究無法自己生存

對於現代人而言，社會生活是必須的。
只有透過共同生活與勞動的分擔，
人類才能維生。
一個人絕對無法離群生存。
即使身在無人島也一樣。
因此，對他人與社會的關心，
即「社會關懷」就顯得相當重要。

社會關懷的對象

社會關懷的對象不只是人類，
動物、植物，甚至非生物等，
這些人類之外的主體都涵蓋在社會關懷的對象裡。
範圍擴大，
就連宇宙、未來可望實現的理想共同體，
以及現代人類與未來世代都包含在其中。

自私的人形成冷漠社會

「當他達成目標時，
除了他之外沒有其他人獲利。
如果他所有的關心只放在自己身上，
那麼他想達成的目標
不過就是他個人的優越，
成就的意義也僅止於他自身。」

生活在同一個共同體的人，
要是只想著自己的利益，
只想從他人身上得到好處，
這種人如果日漸增加，
這個共同體將難以永續存在。

追求共同利益不求回報

在社會生活中若想做出正確的判斷，
必須對事物付出普遍且適當的關心。
為了社會共同的利益與福祉所做的事情，
絕對是普遍且適當的觀點。

每個人都有才能

每個人都無法十全十美。

每個人被賦予的才能也並不相同。

當許多人擁有各種不同的才能，

會導致有些人顯得很有才華，有些人則否。

不過，這個世界上沒有一個人是完全沒有才能的。

無論是誰都有屬於自己的才能。

只是自己還不知道而已。

因此，為了讓自己變得更好，

我們必須找出屬於自己的天賦。

這個世界上沒有一個人
是完全沒有任何才能的。

積極面對自卑感

如果用積極的態度面對自卑感，
便會獲得達成目標的正面回報。
相反地，用負面的態度面對自卑感，
人會陷入「自卑情結」或「優越情結」，
致使人生變得不幸。

03

刻劃幸福

人生的三道課題

人的一生會遇到三道課題。

在父母養育的期間雖然不需要工作，
一旦成年了，每個人都必須獨立與工作。
在人生的路上也必定會跟許多的人建立關係。
和某人相愛、結婚、成為父母。
這是我們在一生中會面對且必須處理的
「工作課題」、「交友課題」、「愛課題」。

沒有任何事情可以單憑一個人的力量完成。
我們會面對與必須處理的所有人生課題
都是源於社會關係網，
透過與他人的合作才能達成。
無論我們的人生目標是什麼，
都必須透過個人的自立與他人的關係來完成。

人生課題＝生活滿意度

能否妥善處理人生課題
是斷定人生是否成功的標準。
如果不認真面對自己的工作，沒什麼朋友，
跟異性朋友的關係很失敗，
我們無法說這樣的人是幸福的。
因為他無法妥善處理人生的三大課題。

你的煩惱都來自於人際關係

一段個人的獨舞無法成就一個舞台。

人生就好比如此。

工作、人際交流、建立家庭，

沒有與他人交流，是不可能獨自完成這些事情的。

因此，在進行人生課題的過程中

發生的事情全都能轉換為人際關係的問題。

意即，人生的所有煩惱都來自人際關係。

想解決人生的煩惱，

過著幸福圓滿的生活，

維持良好的人際關係是不二法門。

想解決人生的煩惱，
　過著幸福圓滿的生活，
　　良好的人際關係是不二法門。

如果不想愛得痛苦

當男女雙方初次見面時，必須觀察對方原本的樣子。
有些人會覺得一開始對方不是那樣的，婚後卻變了，
他們認為自己受騙上當，內心失望又怨恨。
這並不是對方的錯。
錯在自己沒有觀察對方原本的樣貌。
錯在我從主觀觀點判斷對方，
為了迎合自己的喜好而轉換想法。

拋開我的主觀視角，
仔細地觀察對方原本的樣子，
就能看出對方原有的優點與缺點。
思考自己能不能接受對方的缺點之後
再決定是否交往，
這樣就不會愛得痛苦了。

不是他變了，
錯在自己沒有看清楚
他的原本面貌，
而是按照自己的喜好
改變自己的想法。

不能選為伴侶的人

別相信在約會時沒有明確理由卻遲到的人。

這種行為是經常遲疑猶豫者的特徵。

這表示他還沒準備好面對人生課題。

同時也必須迴避想要指導或批評他人的人。

因為他那樣做是為了掩飾自己的自卑情結。

如果是真的為了別人好，

那就應該給予溫暖的建議與鼓勵。

完全沒有朋友，或很少出現在社交場合的人也應該避免。

婚姻生活是所有人際關係中

最複雜也最困難的課題。

沒能好好處理朋友關係課題的人，

又怎麼能夠經營得了婚姻生活呢？

愛情與婚姻課題裡的必需品

愛情與婚姻的課題只有
適應社會良好的人才能處理得好。
婚姻是兩個人的功課。
我們接受了許多教育，
教導我們如何一個人或是跟許多人一起處理課題。
但是我們幾乎沒被教過兩個人如何共同解決課題，
尤其是關於婚姻的教育。
只要兩個人能包容彼此個性的缺點，
以平等的精神面對所有事情，
就能好好地處理婚姻的課題。

別干涉他人的人生

我們總是以幫助他人為藉口插手別人的人生。

然而，干涉他人的人生

並不是給予他們幫助，

而是因為自己想支配並操縱別人。

如果是真的想幫助他人，

只需要在一旁守護、支持、鼓勵，

並給予他們勇氣就行了。

干涉他人人生的理由
並不是要給予他們幫助，
而是因為自己
想支配並操縱別人的人生。

不要仰賴別人
處理自己的人生課題

當其他人想要干涉我的人生課題時，

即使那個人是自己的父母也必須斷然拒絕。

因為我是自己人生的主人，

要處理各種課題、創造人生的人

也該是我自己。

若是接受他人的干涉，

就證明自己缺乏為人生作主的勇氣。

請別忘了，

沒有勇氣的人無法幸福，

也沒辦法達成目標。

不執著於掌控他人

人際關係的所有問題，都是源於對他人課題的干涉而起。
只要能做到分離課題，人際關係就能變得簡單，爭執也會減少。

認真讀書是孩子的課題。
當父母嘮叨著要孩子用功的時候就是介入了孩子的課題。
沒有認真讀書所衍生的結果是孩子的事，並不是父母的事。

在職場上，認真工作是下屬分內的事；
評價下屬與決定升遷則是上司分內的事。
因為失去升遷機會而埋怨上司、跟上司抗議，
是由於下屬並不認同上司課題所導致的結果。

人際關係的所有問題
都是源於對他人課題的干涉而起。

課題分離不等於漠不關心

別誤以為課題分離就等於對他人漠不關心。
瞭解那不是自己的課題，
而是他人的課題，可從旁協助或守護他。
如果他在處理自己課題的過程中尋求協助，
也可以給予幫助。

這是你的課題。
我人生的主人就是我自己。
能改變自己的人也就只有自己，
請不要忘記這一點。

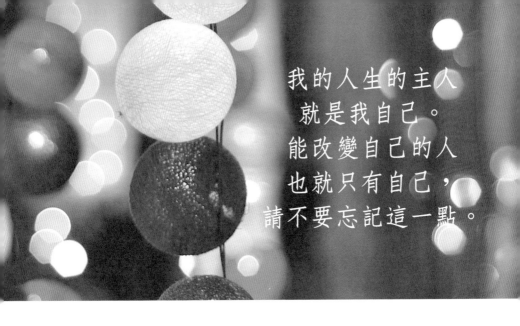

我的人生的主人
就是我自己。
能改變自己的人
也就只有自己，
請不要忘記這一點。

信任是無條件的相信

社會關懷須以「信任」作為基礎。
不期望對方能先瞭解自己，
也不擔心自己會吃虧，
信任就是從這種無條件的
「真正的相信」當中產生。

習得歸屬感

信任他人之後會與其成為朋友並產生歸屬感。

歸屬感不是人類與生俱來的情感，

而是自己習得的。

如果把他人都視為敵人或對手，

自己就難以歸屬於團體，

最終導致自己難以在社會上獲得成功。

貢獻與犧牲的差異

犧牲意指拋棄自己，盡力為他人付出。
犧牲後隨之而來的會是
自己想要獲得報酬或認同的欲望。
貢獻指的並不是他人能給予自己多少，
而是思考自己能為他人做些什麼，
並付諸實踐。
貢獻是自發性的，也不會期待代價。
為他人付出的貢獻會帶給自己幸福感。
最終而言，貢獻就是讓自己幸福的最佳禮物。

付諸實踐

必須相信付諸實踐的重要性。
人生不是隨口說說，
而是聚集了一點一滴的實踐，
才能豐富人生、成就人生。

沒有缺陷就無法進步

如果你現在沒有感受到任何缺陷，
那你就無法感受到任何進步的必要。
換句話說，這也讓自己失去機會遇見
「比現在更好的自己」。

缺陷給人機會
讓自己遇見
「比現在更好的自己」。

用優越的存在取代優越感

「優越情結」跟「為了優越而努力」是截然不同的。
過度的優越感，也就是「優越情結」，
和「自卑情結」有著相同意義。

正常的人不會懷有過度的優越感。
甚至不太有優越感。
只會為了想成為優越的存在而默默努力。
相反地，陷入「優越情結」的人，
不會努力變強，
而是努力讓自己顯得很強。
他的行為背後隱藏著很重的自卑感。

最有價值的戰鬥

追求卓越和競爭與勝利是完全不同層次的概念。

競爭是與他人的戰鬥，

追求卓越所付出的努力，則是自己與自己的戰鬥。

世界上最有價值的戰鬥就是與自己的戰鬥。

比起跟自己的戰鬥更專注於和他人的戰鬥，

這種人認為他人的幸福就是自己的失敗，

他人的不幸就是自己的幸福。

但這種人其實才是真正不幸又可悲的人。

自我誇飾的真相

過度的自我誇飾

其實是過度自卑的證據。

因為認為自己沒有強到能堂堂正正地跟他人競爭，

才會陷入自我誇飾的情結。

不完美的勇氣

我不介意患者對我提出批評。
因為我也是個會犯錯的人類。
我會爽快地承認自己的失誤。

不要害怕錯誤。
我們需要勇氣來接納自己是個不完美的人。

不要害怕錯誤。
我們需要勇氣來接納
自己是個不完美的個體。

接受自己的不完美

「為什麼我這麼不足？」
「要怎麼做才能讓那份不足的感覺消失呢？」
無論花了多長時間煩惱這些，
不足的部分都不會消失。
只會因為想變得完美而更加痛苦。

我們必須接受原本的自己就是不完美的。
要認同自己的不足並愛自己。
有這份勇氣接納不完美的人
才是真正厲害的人。
這個世界上沒有任何一個人是完美無缺的。

04

感受幸福

為了實現自我而努力

人生本來就是無止盡的挑戰。
為了身體上、心靈上的健康，
必須確實地瞭解自己，
克服自己的不足之處。
健康的人
懂得挖掘自己的長處，
彌補自己的短處，
付出努力實現自我。

145

尋找自己的不安來源

有些人每天早上眼睛睜開
就懷著不安的心情準備上班。
這個症狀會延續好幾年。
只要沒有不安症與心悸，
早晨上班的路也就能變得幸福了。
這個症狀是從幾年前跟新任上司的不和所開始的。
透過診療，他瞭解到自己的不安並不是因為上班，
而是因為他不想面對上司導致了不安症。
早上起床就開始不安，
「啊，原來我是不想看見上司、不想去公司的啊。」
當他開始瞭解自己的情感，
沒過多久，這個人的不安症與心悸就消失了。

如果感到躁進……

知道自己能順利克服困難的人

不會感到焦慮。

相反地，總是浮動或是固執急躁的人，

被認為是陷入自卑感的人。

躁進的人，

不容易獲得自己需要的東西。

爲幸福所付出的最大努力

人類是不完美的個體，
個人的能力有限。
無論是誰都無法憑一己之力達成目標。
就連維持生命，
也不可能靠自己就能做到。
因此，爲了個人及人類的幸福，
我們所能付出的最大努力，
就是與人群共同生活。

共同度過的人生
幸福

決定價值的基準

決定一個人價值的基準，
在於他能不能成功地
做到他所在的社會中
賦予他的角色與分工。

找回遺失的勇氣

解決問題時會感到猶豫的人，
並不是因為沒能力才如此，
而是沒有面對的勇氣。
對他們而言現在最需要的
就是找回他們遺失的勇氣。

大田精美小禮物等著你！

只要在回函卡背面留下正確的姓名、E-mail和聯絡地址，
並寄回大田出版社，
你有機會得到大田精美的小禮物！
得獎名單每雙月10日，
將公布於大田出版「編輯病」部落格，
請密切注意！

大田編輯病部落格：http：//titan3.pixnet.net/blog/

智　慧　與　美　麗　的　許　諾　之　地

鼓勵的力量

鼓勵是一個可以激發
積極的力量與勇氣的過程。
把「我做不到」的價值觀
轉變成「我做得到」的力量，
正是鼓勵的力量。

多說鼓勵的話

在鼓勵他人時，應該避免說些關於結果的評價。
鼓勵的話應該包含相信並認同對方所做的努力。

「我很喜歡你處理事情的方式。」
「看著你為了解決問題而努力的樣子，真的很好。」
「我相信你一定可以把事情做好。」
「我相信你的判斷。」
「謝謝你給我許多的幫助。」
「謝謝你的深思熟慮。」
「我需要你的幫助。」
「原來你這麼努力。」

「你可以
　　　把事情做好的～」

稱讚並不能帶來勇氣

請不要認為稱讚可以為人帶來勇氣，
這並不是事實。

因為稱讚是一種補償的概念。
一旦稱讚他人，
下次那個人就會為了想再受到稱讚
而只做會受人稱讚的事。
意即，那些不是自己真正想做的事，
人變得只做會受到他人稱讚的事情。
這等於是把自己人生的主人之位
拱手讓給別人。

稱讚並不是鼓勵

當對方做出理所當然能做到的事情時，
我們不會給予稱讚。
在認為對方做不好卻做到的時候，
我們就會稱讚他。
稱讚是有能力的人
對於沒能力的人所下的價值判斷與評價。
此外，稱讚也會出現在上下關係中。
下屬稱讚上司是沒有禮貌的。
而上司對下屬所做的控制或介入，
正是含有上司心意的稱讚。

如果想為誰帶來勇氣，
那就不應該稱讚，
而是鼓勵或說些感謝的話。

用不幸來支配他人

認為自己過得不幸的人
為了支配他人，
會將自己的不幸當作武器。
不僅透過說出自己的不幸與痛苦
讓他人感到擔心，
也會限制並控制他人的話語和行動。
因此，為了維持這份支配力，
只好讓自己繼續不幸下去。

假如～那樣的話

不認真過生活的人
總是喜歡狡辯。
「如果能出生在一個有錢人家就好了……」
「如果能長得再高一點就好了……」
「如果能考上更好一點的大學就好了……」
這些藉口該有多好啊？
最適合用來逃避自己的現實狀況了。

用行動來表現目標

只要知道一個人的行動或行為，
就能知道他的目標。
如果不知道他的目標，
就無法理解他的行動或行為。

放下自己，才能理解他人

要想瞭解人類，
第一步要先拋開過度的驕傲與自滿。
當然還要謙卑。

如果我的心中充滿了
驕傲、自滿、固執與先入為主的成見，
就難以瞭解他人。
要放下自己的想法與觀念，
以謙卑的心情看待對方，
才能真正地看到對方。
因此也才能認同對方、理解對方。

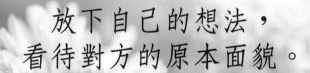

放下自己的想法，
看待對方的原本面貌。

人際關係失敗的原因

如果跟誰的關係處得不夠圓滿，
失敗的原因在於
自己對人類的理解還有所欠缺。
人如果無法互相理解，
就會對彼此不關心，
也不會真心地對話，
結果當然不可能和睦相處。

同理心

完全沒有任何同理心的話，
不可能做到
理解他人這件事。

心理創傷不是解決之道

人類不能總是被過去束縛。
過去的經驗或是心理創傷
即使能說明過去的事件，
也不能成為事件的解決之道。
只有自己所期許的未來才能影響自己。

該如何處理自卑感？

許多膽小鬼總是
將自卑感作為藉口來逃避自己的人生課題。
與此相反，
把自卑感當作基石，
達成人生目標
並促進人類發展的偉人
也不在少數。

如何解讀與處理自卑感
會讓自己的未來有一百八十度的轉變。

個人如何
解讀與處理自卑感
會讓自己的未來
有180度的轉變。

沒有放棄這件事

人類與生俱來就討厭放棄。
只要是正常人都不會放棄。
雖然有些矛盾，
但是企圖放棄事物者的內心，
其實更加渴望鬥爭。

失敗的原因

眼裡只有自己的人，
會在人生的許多層面上遭遇失敗。

05

湧出幸福

從對方的角度去理解事情

給他人勇氣時，「同感」非常重要。

同感是指以他人的眼光觀看，

以他人的耳朵聆聽，以他人的心情感受。

但是我們總是經常犯錯。

提到同感，就以為是同情，

有時還錯將自己的所見、所聞、所感套用在對方身上，

認為那就是同感對方了。

這是以同感為託詞的「強迫」。

同感意指以他人的眼光觀看，
　　以他人的耳朵聆聽，
　　以他人的心情感受。

鼓勵
自己的方法

鼓勵他人、幫助他人
不只對受助者有益，
同時也等於是在鼓勵自己，
讓自己能獲得勇氣。

對人類而言
最困難的事

對人類而言最困難的事情，
是懂得認識自己，
並改善自己不好的地方。

眞正的幫助不會期待回報

幫助他人之後，
內心會產生兩種想法。
第一是：「我真是個不錯的人。」的自我信任，
第二就是想得到他人的感謝、稱讚或認同的欲望。
但是，真正的幫助並不會期待任何報酬，
而是自己要感受到欣慰。
如果必須要獲得對方的認同或稱讚才能滿足，
反而證明了自己不能主宰自己的心意。

即使他人不認同
也能默默地走著自己的路，
這才算得上是真正主宰自己的人生。

即使他人不認同
也要默默地走著自己的路。

瞭解與接受原本的自己

如果能瞭解自己、理解自己、接納自己，
你將會體認到驚人的結果。
能如實地看待自己的長處與缺點，
理解並接納，
你就能停止以前的習慣、說話方式和行動，
過著幸福的生活。

若是真心希望改變，
與其無數的體悟與決心，
不如一次徹底瞭解自己來得重要。

自我接納與自我肯定

自我肯定是指知道自己做不到
卻對自己說做得到。
如此一來，人只會注意自己的優點，
而迴避自己的缺點。
相反地，自我接納是連自己的缺點
都會原原本本地包容，
在事情完成前都不會放棄努力。
提起能夠改變自己的勇氣
正是自我接納的真正目標。

自我接納
是連自己的缺點
都原原本本地包容，
提起能夠改變自己
的勇氣。

孩子的認同渴望

孩子認為自己比起大人還要不足。

因此，沒有一個孩子的成長會不需要認同渴望。

孩子的個性之所以跟父母的個性相似，

就是為了想獲得父母的認同所努力出來的結果。

過度的認同渴望

雖然認同渴望是很自然的需求，
過度渴望卻會毀了自己。
受到他人認同與評價而左右的人生，
並不是我的人生，
而是讓自己過著他人的人生。

拋棄認同渴望

認同渴望強烈的人
會以自己的價值基準來評斷別人。
行為合自己心意就是好人；
行為不合自己心意就是壞人。
除此之外，這樣的人還會想介入他人的生活，
試圖主導他人的生活。

為了自己，也為了他人，
應該將這份想獲得認同的心情拋棄。
拋棄認同渴望
代表著自己認同我就是人生的主人，
而他人的人生則是由他自身所主宰。

拋棄認同渴望
代表著自己認同我
就是自己人生的主人，
而他人的人生
則是由他自身所主宰。

目標是自己的選擇

人生的目標是根據自己的意志所選擇的。

選擇會透過經驗實現，

很多時候就連自己都無法確實瞭解

是因為什麼緣故而做出那樣的選擇。

然而，選擇的人是自己，

那個選擇也確實是出自於自己的意思。

人會以自己所選的目標為前提，來行動與表達情緒。

人會以自己
所選的目標為前提
來行動與思考。

目標改變的話，人生也會隨之改變

我們能改變的就只有自己的具體目標。

目標改變了，心理上的習慣與態度都會改變。

我們將不再需要舊有的習慣與態度，

新目標的新習慣與態度

會取代舊有的一切。

目標改變的話
　人生也會隨之改變。

生活方式是自己的選擇

幼年期所形成的個人生活態度、生活模式、
對於人生的思考與行動的傾向、
人生目標與為了達成目標所抱持的態度，這些都被稱作生活方式。
狹義來說叫做個性，廣義而言則包含世界觀、人生觀。
三歲左右開始建構，十歲左右成形。
大部分人的氣質或個性
是受到成長背景或環境的影響，
你或許會認為這是自然形成的，跟自己的意志沒有關係，
其實這都是自己的選擇。
當然，一開始是無意識地進行選擇。
然而，在成長的過程中，
你會做出符合自己目標的選擇。

如果說生活方式是自己的選擇，
擁有不良生活方式的人，
也是能重新選擇的。
無論是繼續維持，或是重新選擇，
最終仍是看自己的意志。

改變不良生活方式的理由

過著幸福人生的人，
他們的生活方式與社會常識十分完美地結合。
只注重個人倫理而有著不良生活方式的人
沒辦法變得幸福。
要是他們無法意識到自己的生活方式有哪裡不對，
就算給予建議，他們也不打算改變。
就算現實跟真實都變得扭曲，
他們仍想相信自己是對的。
這是因為習慣會帶來安定感，
而新事物會導致恐懼和不安。
但是，如果不改變不良的生活方式，
人生只會變得更加辛苦和不幸。

靠自己改變生活方式很難

如果人生的意義一開始就被錯誤地賦予，
應該要反思是什麼契機造成人生意義有了錯誤的解讀。
然而，有著錯誤認知系統的人，
想要不靠外在影響而改變自己非常困難。
因為他並不知道
唯有改變自己才能讓事事順利。
因此，他需要一個人幫助他，
合力發現錯誤的根源，
找出更適切的人生意義。

個性也能改變

雖然有的人主張
人的個性絕對不會改變。
但這句話是錯的。
為了改善錯誤的人生意義，
如果在人生中能更有協同性地處理事情，
拿出勇氣訓練自己，
個性也能被改變。

變得幸福的勇氣

想變得幸福需要勇氣。
是選擇改變所帶來的不安，
還是選擇不變所導致的不幸，
這都是出自於自己的意志。
想要變得幸福，
就需要有變得幸福的勇氣。
只要立刻下定決心就可以了。

217

選擇悲傷的勇氣

我們不僅有選擇幸福的勇氣，
也有選擇悲傷的勇氣。

有句話說，既來之則安之。
既然是注定傷心的事情，
最好那份悲傷是自己所選，
而不是經由外來接收的。
那是因為，
如果是自己選擇的，會有能夠承受的力量，
如果是外在的悲傷，要承受它就會很吃力。

幸福的主觀者就是自己

負面的想法創造出負面的人生。
正面的想法創造出正面的人生。
不幸的思考導致不幸的人生。
幸福的思考帶來幸福的人生。

幸與不幸，
所有都起因在我，
幸福的主觀者不是神，
也不是筆者，
而是你自己。

你的原則由自己創造

人類會自己
創造出自己的原則。

你的原則是什麼呢？

{從小地方開始實踐，
創造出屬於自己的理論}

　　阿爾弗雷德‧阿德勒在一八七〇年出生於奧地利維也納附近的一個猶太家庭。他與父親的關係不錯，跟母親則沒有那麼好。以他個人的經驗來看，佛洛伊德所說的戀母情結很難套用在他身上。他在六個孩子中排行老二，他的弟弟因罹患白喉，一歲就過世了。他自己也在五歲的時候得到肺炎，歷經了一場生死攸關的危機，此後，他便決心要成為醫生。

　　一八八八年，他進入維也納大學醫學系，一八九五年畢業。在阿德勒就讀大學時，佛洛伊德正擔任維也納大學精神科的講師，但由於當時精神科科目並非必修，因此阿德勒不曾聽過佛洛伊德授課。由此可知，據傳阿德勒是佛洛伊德的弟子一說並不符合事實。

　　他在大學時代結識了一名俄國女子拉伊莎，於是他開始學習社會主義，一八九七年，大學畢業後的兩年，他們結婚了。一九〇四年他從猶太教改信基督教，似乎是因為猶太教只拯救猶太人上天堂的命定觀點與他的思想相異的關係。大學畢業後他當過眼科和內科醫生，一九一〇年正式成為一名精神科醫生。比起富人他更重視窮人的治

療，他也十分關注「社會醫學」，此類學問的觀點著眼於健康或疾病與社會因素間的關係。

雖然關於阿德勒與佛洛伊德的相識與決裂的說法眾說紛紜，可以確定的是，是佛洛伊德先邀請阿德勒參加「星期三學會」的聚會。這個聚會後來發展成「維也納精神分析學會」，阿德勒於一九一〇年被任命為第一任會長。然而不久後兩人在學術上的觀點便開始出現分歧。阿德勒強調精神疾病的根據是自卑感並非性衝動，而佛洛伊德當然不可能認同這個說法。阿德勒退出了維也納精神分析學會，一九一二年成立了「自由精神分析學會」，翌年學會改名為「個人心理學會」。

第一次世界大戰爆發，阿德勒雖然已是四十四歲，他仍自願入伍，在陸軍醫院擔任精神科的醫官，照顧士兵。戰後的俄國革命讓他看清現實，並對社會主義失望，於是他把注意力由政治改革轉移到育兒跟教育的社會角色之上。他在公立學校開設兒童諮商中心，不只是兒童諮商，他還負責訓練教師跟諮商師。

在納粹大舉迫害猶太人之際，阿德勒從一九二六年開始將活動據點轉移到美國。一九二八年他受邀到哥倫比亞大學拜訪，一九三二年成為美國長島醫學院的教授，一九三五年舉家移民美國。一九三七年五

月二十八日在蘇格蘭亞伯丁準備授課時因心臟病發昏倒，移送醫院的途中過世，享年六十七歲。

　　除了阿德勒之外，阿德勒學派有許多人都是猶太人。雖然阿德勒生前並沒有被關押進納粹收容所，但是阿德勒學派的人大部分都被抓進了收容所。

　　阿德勒的弟子魯道夫・德瑞克斯以美國芝加哥為中心宣揚阿德勒心理學，對於阿德勒學派的推廣有相當大的貢獻。現在阿德勒的心理學不僅在美國為人知，全世界都在應用。

{ 為了所有人的心理學 }

「我的心理學是為了所有人的學問。」

當「紐約醫學會」邀請阿德勒演講關於阿德勒心理學應用於精神科治療的內容時，他們提出了一個條件：「只能讓醫生參加，一般人無法聽課。」阿德勒一聽，便說了前述的話，並拒絕了這個邀請。阿德勒希望自己的理論不只能幫助專家，也能對一般人有所助益。

阿德勒的心理學稱作「個體心理學」。在這裡所談的「個體」不是指「個人與社會」的那種「個體」。阿德勒將人類視為是無法再分割的整體存在。「自我」這個「個體」的存在是結合了精神與肉體、理性與感性、意識與無意識的元素，它們相互作用並互補，透過這個過程才能成就一個個體。「自我」在生命的過程中會將人生與世界賦予意義。我賦予的意義會影響我的人生，我人生的意義會隨之改變，我所屬的社會意義也會不一樣。當我用正面與希望的觀點看待人生，我的人生就會變得正面且有希望。

阿德勒認為，人類不是原因論或決定論的存在，而是未來志向型的目標論存在。人類不是「悲傷的存在」，不會因為過去的經驗或成長

229

環境受到影響而躊躇不前，永遠留在過去。

　　人類擁有創造自己命運的自由與力量，他主張人類會為了實現往後的人生目標而付出努力，人類是目標論的存在。

　　因此，對阿德勒而言，人類是正面的、樂觀的、主體性且充滿創造性的。這個觀點與佛洛伊德所認為的人類是悲觀的、被動的、命運論的存在大相逕庭。

　　個子矮小、其貌不揚、患有佝僂病和肺炎的阿德勒主張自卑感是個人與社會發展的重要因素。個人或社會將意識到自我的不足、自卑及缺陷，瞭解了之後會去克服它並朝著可能進步的方向努力。透過這樣的過程實現自我，社會也能發展文化與技術。

　　個人或社會基本上都有缺點與劣根性，單憑自己的力量是沒辦法進步的。只要彼此合作、一起追求共同利益，如此就能實現自己的利益與幸福。越是進步與多元的社會，自私自利的人就越難生存，這是十分理所當然的道理。

　　要在社會生存下去，每個人一生都必定會遇到三個人生的課題：工作課題、交友課題、愛情課題。如果能好好地修習這些課題，人生就能過得幸福。

　　從這些課題的各種面向來看，工作也好，交友、談戀愛或結婚也好，沒有一個課題是能脫離他人關係的。意即，談到修習、解決人生

課題，就等於是要建立良好的人際關係，並妥善解決在人際關係中所遇到的各種問題。人生的所有問題終究是來自人際關係。

　　一個人的人生中影響極大的因素之一為生活方式，生活方式大約在十歲左右成型。生活方式指個人的生活模式、思考方式、活動方式、人生目標與為了達成目標所展現的態度、價值觀、人生觀等，會在朝著個人目標前進時的各種選擇過程中形成。無法擁有正確生活方式的人，他的人生當然也會是負面的。

　　由於生活方式是自己所選的，它也能憑著個人意志改變或修正。此時需要的是勇氣。用勇氣將「做不到」變成「做得到」的過程就叫做「鼓勵」。可以鼓勵他，也能鼓勵自己。能夠藉由鼓勵來提起勇氣的人，本身就是幸福又自由的，也能成為自己人生的主人。

　　阿德勒曾說，人類的所有行動與感情都有目的。這個目的正是生命的原動力。即使人類沒有察覺，但是我們生活中的所作所為都是朝著人生的最終目標所做。最終目標會在未來實現，而其影響範圍卻是現在。

　　只要現在能好好生活，未來的人生，乃至生命尾聲也會過得好。因為生命中的每個瞬間組合在一起就是人生的集合。想把自己的人生過得幸福有意義，就必須讓「現在此刻」過得幸福有意義才行。

國家圖書館出版品預行編目資料

今天書寫幸福：阿德勒的 99 個幸福與正向訊
息／金禎珉著；黃孟婷譯．
──初版──臺北市：大田，民 105.07
面；公分 . ──（Creative；097）

ISBN 978-986-179-454-9（平裝）

1. 生活指導 2. 幸福

177.2　　　　　　　　　　　105008253

Creative 097

今天書寫幸福：
阿德勒的 99 個幸福與正向訊息

金禎珉◎著
黃孟婷◎譯
出版者：大田出版有限公司
台北市 10445 中山北路二段 26 巷 2 號 2 樓
E-mail：titan3@ms22.hinet.net　http：//www.titan3.com.tw
編輯部專線：（02）25621383　傳真：（02）25818761
【如果您對本書或本出版公司有任何意見，歡迎來電】
行政院新聞局版台業字第 397 號
法律顧問：陳思成律師

總編輯：莊培園
副總編輯：蔡鳳儀　執行編輯：陳顗如
行銷企劃：張家綺
校對：金文蕙／黃孟婷
初版：二〇一六年七月十日　定價：新台幣 320 元

印刷：上好印刷股份有限公司　（04）23150280
國際書碼：978-986-179-454-9　CIP：177.2/105008253